La apariencia

La apariencia

¿Le importa realmente

a Dios mi forma de vestir?

Nancy Leigh DeMoss

PORTAVOZ

La misión de *Editorial Portavoz* consiste en proporcionar productos de calidad —con integridad y excelencia—, desde una perspectiva bíblica y confiable, que animen a las personas a conocer y servir a Jesucristo.

Traducción: Mercedes De la Rosa

EDITORIAL PORTAVOZ
P.O. Box 2607
Grand Rapids, Michigan 49501 USA

Visítenos en: www.portavoz.com

ISBN 978-0-8254-1189-2

5 6 7 8 edición / año 16 15 14 13

Impreso en los Estados Unidos de América
Printed in the United States of America

La apariencia

Estimada amiga

No sé que la motivó a tomar este libro... ¡pero me alegro mucho de que lo haya hecho! Al leer juntas estas páginas buscaremos la apariencia: Aquella que no pasa de moda y que es agradable.

Los asuntos relacionados con el vestuario pueden ser controversiales y el solo hecho de mencionar la modestia hoy día puede suscitar muchas preguntas. ¿Alguna vez ha discutido con sus padres (o sus hijos adolescentes) acerca de cómo vestirse? ¿Es importante la forma en que se viste para la oficina, la escuela, el centro comercial o la playa? ¿Qué revelan nuestra ropa y apariencia?

Me siento muy agradecida que tengamos un Dios a quien le importa cada detalle de nuestra vida. ¡Hasta le importa lo que comemos y lo que nos ponemos! ¿No es asombroso?

Amiga, continúe leyendo y descubra el hermoso bosquejo que el Diseñador Maestro tenía en mente cuando nos hizo a usted y a mí. Su libro de modas nunca es anticuado.

Suya conforme al diseño que el Gran Artista tiene para mi vida,

Nancy

Contenido

11 | Comparando modas
17 | Después de todo, ¿de quién fue la idea de que nos pusiéramos ropa?
25 | ¡Su filosofía salta a la vista!
33 | ¿Incapaz de sonrojarse?
41 | ¿De quién es la imagen que se refleja en el espejo?
49 | Preguntas que se hacen con frecuencia
59 | Conclusión
65 | Apéndice
71 | Pasajes bíblicos afines
75 | Mi promesa

1

Comparando modas

Al comenzar nuestra búsqueda de "La apariencia", tómese un minuto para escribir en el espacio de abajo lo que le viene a la mente cuando escucha la palabra "modestia".

Yo he escuchado a algunas mujeres describir el recato como:

- Sin estilo
- Mojigato
- Poco atractivo
- Anticuado
- Aburrido

¿Es verdad que Dios nos exige que seamos aburridas, mojigatas y poco atractivas? Yo no lo creo. (Mire a su alrededor la belleza del mundo que

Él creó.) Sin embargo, estas son las palabras que vienen a la mente de mucha gente cuando piensan en el recato.

La moda es importante para toda mujer. Todas nos ponemos ropa y a diario tomamos decisiones acerca de nuestro vestuario. Empleamos tiempo y dinero en ello. ¿Y qué mujer no tiene opiniones definidas acerca de su guardarropa?

La siguiente prueba le ayudará a identificar su verdadera opinión sobre la ropa. Marque verdadero o falso al lado de cada frase.

Verdadero	Falso	
❍	❍	1. Según la Biblia, el propósito primordial de la ropa es cubrir el cuerpo.
❍	❍	2. Ninguna moda en particular es buena o mala. Todo es cuestión de gusto y opinión personal.
❍	❍	3. La Biblia nos dice qué estilo de ropa deben llevar los cristianos.
❍	❍	4. Puesto que la Biblia dice que Dios mira el corazón, lo que nos pongamos y cómo nos veamos no es importante. Lo que cuenta es lo de adentro.

❍ ❍ 5. Nuestra ropa y apariencia revelan mucho sobre nuestros valores, carácter y creencias.

❍ ❍ 6. Lo que me pongo en realidad no es asunto de nadie. Soy libre para ponerme la clase de ropa que me gusta y con la que me siento cómoda.

❍ ❍ 7. Recato significa vestirse de una forma anticuada, chapada a la antigua y poco atractiva.

❍ ❍ 8. Si una chica no se pone ropa de moda que al menos sea un poquito reveladora, los muchachos no la van a notar.

❍ ❍ 9. La mayoría de los hombres, excepto aquellos con deseos sexuales exagerados, en realidad no se afectan por la manera en que se visten las mujeres. Ellos ni siquiera notan cómo se visten las mujeres.

❍ ❍ 10. No es mi culpa que con mi manera de vestirme cause

conflicto moral a los hombres. Son ellos quienes deben controlar su mente. Yo no tengo porque cambiar mi manera de vestir solo porque ellos no se pueden controlar.

❍ ❍ 11. Los padres no deben imponer a sus hijos sus normas y creencias con respecto a la manera de vestir. Deberían dejarlos tomar sus propias decisiones, aun cuando no aprueben lo que sus hijos se ponen.

❍ ❍ 12. Los cristianos son libres de vestirse como quieran porque no están bajo la ley sino bajo la gracia. Tienen la mente cerrada cuando quieren establecer los padres o los líderes religiosos normas con respecto a la forma en que se viste la gente joven.

❍ ❍ 13. Las mujeres cristianas nunca deberían ponerse ropa reveladora ni sensual, es decir, ropa diseñada para despertar el deseo o el interés sexual.

❍ ❍ 14. Existen algunos lugares públicos adonde está bien que las mujeres cristianas se pongan ropa que muestre las caderas, las piernas o el pecho.

❍ ❍ 15. Una mujer puede estar cubierta de pies a cabeza y aún así estar vestida de forma impúdica.

❍ ❍ 16. Una mujer puede ponerse ropa recatada y aún así ser impúdica.

❍ ❍ 17. La mayoría de las jóvenes y las mujeres no entienden el significado, el poder ni los beneficios del verdadero recato.

Hablaremos de sus respuestas más adelante. Analicemos primero lo que la Palabra de Dios nos dice con respecto a la ropa. ¡Tal vez se sorprenda!

Después de todo, ¿de quién fue la idea de que nos pusiéramos ropa?

Si usted estuviera comprando ropa en una tienda cara, probablemente miraría la etiqueta para averiguar quién es el diseñador.

Nuestro Diseñador no es otro que el Creador del universo: ¡El mismo Dios! Y fue a Él a quien se le ocurrió la idea de la ropa.

¿Alguna vez se ha preguntado por qué tenemos que usar ropa? Según la Biblia, cuando Dios hizo al primer hombre y a la primera mujer los hizo sin ropa: "En ese tiempo el hombre y la mujer estaban desnudos pero ninguno de los dos sentía vergüenza" (Gn. 2:25).

Antes de que Adán y Eva pecaran no había ropa... no había vergüenza ni culpa. Eso es porque

Adán y Eva no tenían pecado. No había barreras en su relación con Dios ni entre ellos.

Todo eso cambió cuando Adán y Eva decidieron hacerlo "a su manera". En el momento en que comieron del fruto prohibido experimentaron vergüenza y pudor: "En ese momento se les abrieron los ojos, y tomaron conciencia de su desnudez..." (Gn. 3:7).

Por primera vez en su vida sintieron la vergüenza y la culpa que son frutos del pecado. Desde este momento en adelante en la Biblia, se hace referencia a la desnudez (fuera del matrimonio) como algo vergonzoso.

....

Adán y Eva de inmediato trataron de encontrar la forma de cubrir su desnudez y vergüenza. No pidieron consejo a Dios en cuanto a cómo vestirse. Más bien idearon su propio plan: Cosieron hojas de higuera para cubrir sus partes íntimas. (¿Sabía usted que las hojas de higuera tienen la consistencia de un papel de lija grueso? Esas primeras ropas deben haber sido bien incómodas.) Pronto se dieron cuenta de que las hojas de higuera no podían resolver el problema de manera adecuada y por eso se escondieron.

Misericordiosamente, Dios no les dejó permanecer escondidos; tomó la iniciativa de restaurar la comunión que se había roto:

"Pero Dios el SEÑOR llamó al hombre y le dijo: ¿Dónde estás?" (Gn. 3:9).

Observe quién fue el primero en plantear la cuestión de la falta de ropa en Adán. De hecho, lo primero que le dijo a Dios después de la caída fue:

"...Escuché que andabas por el jardín, y tuve miedo porque estoy desnudo. Por eso me escondí" (Gn. 3:10).

La respuesta de Dios demuestra que Él no consideraba que su desnudez fuera el problema principal:

"¿Y quién te ha dicho que estás desnudo? —le preguntó Dios—. ¿Acaso has comido del fruto del árbol que yo te prohibí comer?" (Gn. 3:11).

La principal preocupación de Adán y Eva era su desnudez; la principal preocupación de Dios era que ellos habían desobedecido su Palabra y que su relación con Él se había roto. A ellos les preocupaba su apariencia externa; a Dios le preocupaba sus corazones.

De hecho, al principio Dios ni siquiera abordó la cuestión de su desnudez. Primero habló con ellos acerca de la raíz del asunto, que era su pecado y las consecuencias; tocó el tema de la relación rota; les dio el evangelio (Gn. 3:15), la promesa de una solución para su pecado. Luego, Dios volvió a hablar del asunto de la ropa. Con su gracia y una preocupación llena de amor, Dios vistió a la primera pareja.

Dios no pasó por alto el problema de su desnudez ni tampoco dejó de darle importancia al asunto. Más sin embargo este no fue el primer tema que abordó.

> *"Dios el SEÑOR hizo ropa de pieles para el hombre y su mujer, y los vistió" (Gn. 3:21).*

Cuando finalmente llegó al asunto de la ropa dijo, en efecto, a Adán y Eva: "He aquí mi provisión para su desnudez. A su manera las cosas no van a resultar. Tienen que hacerlo ¡a Mi manera!" Observe que la idea de ropa de Adán y Eva (hojas de higuera) y la idea de ropa de Dios (túnicas de pieles) eran muy diferentes. Génesis 3:7 (RVR) dice: "...entonces cosieron hojas de higuera, y se hicieron delantales". Esa palabra en el idioma original se puede traducir como "delantal" o "faja (para el cinturón)". Por otro lado, los vestidos que Dios hizo para Adán y Eva (Gn. 3:21) eran "túnicas" o "abrigos". Varios diccionarios bíblicos están de acuerdo en que este término se refiere a una pieza de ropa que cubre el cuerpo al menos desde el cuello hasta las rodillas.

Adán y Eva cubrieron solo sus partes íntimas. Dios cubrió sus cuerpos.

Esta observación nos ayuda a entender que el propósito de Dios para la ropa era cubrir el cuerpo.

¿Tiene Dios una opinión en cuanto a qué debemos ponernos? ¿Cómo reaccionamos al plan de Dios para nosotros?

Le doy muchas gracias a Dios porque a Él le importan todos los detalles de nuestra vida. Como dijo Jesús: "Aun los cabellos de su cabeza están contados" (Lc. 12:7). Lo que nos ponemos es un "detalle" muy importante para la mayoría de nosotros. Puesto que Dios nos conoce y nos ama, podemos confiar en sus planes y en su dirección para nuestra vida.

Principios para la vida

Consciente o inconscientemente, nuestra apariencia externa comunica un mensaje a quienes nos rodean. Después de todo, lo que escogemos para vestir se basa en nuestros valores. Por eso es importante que hagamos preguntas como:

- ¿Por qué nací?
- ¿Cuál es el propósito de mi vida?
- ¿Tengo una misión en particular que cumplir?

Si queremos que nuestra vida glorifique a Dios, ese propósito afectará la ropa que usemos y la manera en que actuemos. Veamos tres principios fundamentales de la vida que afectan nuestra forma de vestir:

1. Propiedad

Mi cuerpo no me pertenece a mí, sino a Dios.

Seguro que ha escuchado las palabras (tal vez hasta las haya dicho): "Es mi cuerpo. Puedo hacer con él lo que yo quiera". ¿De verdad es su cuerpo?

En Primera Corintios 6:19-20 se nos recuerda: "¿Acaso no saben que su cuerpo es templo del Espíritu Santo, quien está en ustedes y al que han recibido de parte de Dios? Ustedes no son sus propios dueños; fueron comprados por un precio. Por tanto, honren con su cuerpo a Dios".

¿Cómo se sentiría si alguien tomara una de sus preciadas posesiones y la echara a la basura o la regalara a otra persona? Me imagino que a usted no le gustaría. Recuerde: Dios dice que usted es una de sus preciadas posesiones.

2. Señorío

Jesús es Señor de todo.

Hoy día somos bombardeados con la idea de que tenemos todos los derechos sobre nuestra vida. Se oyen cosas como: "Tú vales… ¡No hay límite!" ¿Está Dios de acuerdo con estas ideas?

La verdad es que "Si vivimos, para el Señor vivimos; y si morimos, para el Señor morimos. Así pues, sea que vivamos o que muramos, del Señor somos" (Ro. 14:8).

Dios tiene derecho a regular todas las áreas de nuestra vida, incluyendo lo que comemos, tomamos y la ropa que nos ponemos. Cuando se trata de nuestra apariencia, ¿quién o qué controla lo que nos ponemos? ¿Es la cultura, nuestros compañeros o los medios de comunicación? ¿O es Cristo y su Palabra?

3. Ciudadanía

Pertenezco a un reino diferente.

Si viajara a otro país notaría que las mujeres usan ropa que refleja su cultura.

Los cristianos no pertenecemos a este mundo. Somos ciudadanos de otro reino: El reino de Dios. Eso significa que todo lo que tiene que ver con nosotros debe reflejar nuestro verdadero hogar.

Eso no se parece en nada a lo que nos dice el mundo. En las revistas y en los informes de moda leemos y escuchamos acerca de lo que está de moda.

> *Como creyentes, ¿cómo debemos responder? La pregunta es: ¿Cuál reino queremos reflejar? El apóstol Pablo dice: "Y no os adaptéis a este mundo" (Ro. 12:2, BLA).*

Me gusta la forma en que un autor interpreta este versículo en el libro "The Message" (El Mensaje):

> *"No se ajusten tan bien a su cultura que se amolden a ella sin siquiera pensarlo. Más bien fijen la atención en Dios. Serán transformados de adentro hacia afuera" (Ro. 12:2).*

Recuerde...

- Nuestro cuerpo no nos pertenece. (El principio de propiedad)
- Jesús es Señor de todo. (El principio de señorío)
- Nuestra verdadera ciudadanía está en el cielo. (El principio de ciudadanía)

Esos tres principios proporcionan una base firme de verdad sobre la cual podemos tomar decisiones acerca de todas las demás áreas de la vida, incluyendo la ropa que nos ponemos.

3

¡Su filosofía salta a la vista!

Las películas, las revistas, los programas de televisión, los carteles de anuncio... en su mayoría representan una perspectiva de la moda y el estilo completamente distinta del punto de vista de Dios. Comparemos:

La filosofía del mundo	La idea de Dios
1. La belleza es externa y física.	*1. La belleza es interna y espiritual.*
2. El cuerpo es lo más importante; el espíritu es secundario o no existe.	*2. El espíritu es eterno, el cuerpo es temporal.*

3. Su cuerpo es su identidad.

3. *Su cuerpo es un templo. Es donde mora su alma.*

4. Usted es producto de la evolución. Su cuerpo le pertenece.

4. *Dios formó su cuerpo, le pertenece a Él (y a su cónyuge).*

5. Vístase para llamar la atención de otras personas.

5. *Vístase para agradar a Dios y reflejar su gloria.*

6. El propósito de la ropa es revelar el cuerpo y fomentar la atracción sexual.

6. *El propósito de la ropa es vestir el cuerpo.*

7. Si lo tiene haga alarde de ello.

7. *Dé ejemplo de humildad y recato.*

8. Destaque y exhiba el cuerpo, la piel y las partes íntimas.

8. *Atraiga la atención al espíritu, el rostro y el corazón.*

9. Para ser amada, una mujer debe ser hermosa y seductora.

9. *Dios le ama de manera incondicional y usted está diseñada para ser hermosa para la gloria del Señor.*

10. El cuerpo no vale nada. Lo puede descuidar o ignorar.

10. Su cuerpo es la casa de Dios: ¡Cuídelo!

11. Use el cuerpo para tentar o incitar a los demás.

11. Use su cuerpo para proteger, edificar y fortalecer a los demás.

12. Entregue su cuerpo libremente a los demás.

12. Pásele la propiedad de su cuerpo a Dios y guárdelo para su cónyuge.

13. Lo que se pone es solo externo.

13. Lo que se pone refleja su corazón.

Ahora, reflexione sobre la forma en que se viste actualmente:

- ¿Qué comunican mi ropa y apariencia externa acerca de quién soy y lo que creo?

  ____

  ____

  ____

- ¿Qué aspectos (si es que hay algunos) de la filosofía del mundo he adoptado?

  ____

  ____

  ____

- ¿Necesito hacer cambios con respecto a lo que pienso de mi ropa y apariencia? Si es así, descríbalos a continuación.

  ____

  ____

  ____

¿Se da cuenta como lo que nos ponemos y cómo lucimos comunica lo que creemos? El recato cristiano en realidad es una manera de pensar acerca de Dios, de los hombres y de nosotros mismos. Nuestros pensamientos se revelan en la forma en que vestimos, conversamos y actuamos. Exhibimos nuestras actitudes internas.

Lo que nos ponemos + cómo lucimos = la imagen de lo que creemos

Lo que está en juego no es solo nuestra manera de pensar. Aunque no lo crea, lo que nos ponemos puede causar un efecto importante en los pensamientos de otras personas. ¿Somos responsables de eso? A continuación una historia verídica que me puso a pensar…

Una amiga me dijo lo siguiente: "Hace cinco años me enteré que mi esposo había fracasado con el control de sus pensamientos, lo cual lo llevó a tener una aventura amorosa con una mujer del trabajo que se vestía de manera muy sensual. El corazón se me destrozó".

Permítame hacerle una pregunta: ¿Quién fue el responsable de esta aventura? ¿Fue el esposo de mi amiga? ¡Por supuesto! ¿Tuvo alguna responsabilidad la mujer que se vestía de manera sensual? ¡Por supuesto!

Richard Baxter era un pastor del siglo XVII que reconocía, incluso en aquella época, que la ropa de la mujer podía ser una trampa para la mente del hombre. Usaba una figura del lenguaje que ilustra de manera gráfica de qué forma las opciones que ejercen las mujeres afectan a los hombres que las rodean:

> *Aunque sea el pecado y la vanidad de ellos la causa de pecar, también es tu pecado por haber dado la oportunidad de caer... No debes poner piedra de tropiezo en su camino, ni avivar el fuego de su lascivia... Debes caminar entre personas pecadoras como lo harías con una vela entre la paja o la pólvora, o si no, podrías ver la llama que no previste cuando sea demasiado tarde para apagarla.*[1]

1. Richard Baxter, *A Christian Directory in Baxter's Practical Works* [El directorio de un cristiano en las obras prácticas de Baxter] vol. I (Londres: George Virtue; reimpreso ed., Ligonier, Pensilvania: Soli Deo Gloria Publications, 1990), 392.

Amigas, Dios nos llama a cada una de nosotras a andar en este mundo como "una vela entre la paja o la pólvora". Un fuego o una explosión pueden ser devastadores y pueden hacer daño y destruir muchas vidas.

No queremos sugerir con esto que los hombres no sean responsables de sus pensamientos o de su conducta. Lo son. Tienen que aprender a caminar con Dios y a poner sus pensamientos bajo el control de Cristo, a pesar de que viven en una cultura enloquecida con el sexo en la cual la falta de recato es rampante.

Sin embargo, como mujeres cristianas, las opciones que ejercemos en la ropa pueden, o bien ayudar a los hombres a tener éxito moralmente, o bien poner una tentación en su camino que les podría resultar difícil de vencer. Eso significa que tanto los hombres como las mujeres son responsables de la pureza moral.

Melody Green, la viuda de Keith Green, leyenda de la música *Gospel*, describió el doble mensaje que muchos cristianos envían a través de sus decisiones voluntarias:

> *Desafortunadamente, parece que muchos cristianos están perdidos en su propio mundo pequeño y egoísta, o bien porque no piensan en el efecto que tienen en los demás, o bien porque no les importa. Incluso aparentar sentir verdadera emoción y*

amor por el Señor. Sin embargo, su cuerpo envía un mensaje totalmente distinto. Yo sé porque... lo he hecho. En parte por ignorancia pero por lo general por rebeldía. Me acuerdo que pensaba: Y bien, no es mi culpa si no pueden alejar su mirada de mí y ponerla en el Señor. Sencillamente no son suficientemente espirituales. ¿Por qué tendría yo que cambiar solo porque ellos son débiles?

Pero el Señor me mostró que era mi culpa. Yo era la responsable de hacer que mi hermano tropezara y eso tenía que cambiar. Una vez vi el daño que mi egoísmo estaba haciendo a los demás y al Señor, me sentí realmente avergonzada de mí misma y de haber representado a Jesús de una manera tan inapropiada.[2]

¡Qué palabras tan convincentes! Debemos hacer todo lo que esté en nuestras manos para ayudar a nuestros hermanos a no caer y asegurarnos que nuestro vestuario y apariencia glorifiquen a Dios.

Pregúntese a sí misma: "¿Soy un reflejo de la filosofía del mundo en cuánto a belleza y ropa o soy un reflejo de la filosofía de Dios? ¿Estoy ayudando u obstaculizando a los hombres que desean ser moralmente puros?"

2. Green, Melody, *Uncovering The Truth About Modesty* [La verdad sobre el recato], www.lastdaysministries.org

4

¿Incapaz de sonrojarse?

Una amiga me mostró una carta que un joven escribió al editor del periódico de su universidad cristiana:[3]

> *El otro día me dirigía a la oficina a resolver unos asuntos económicos y no podía creer algunas de las cosas que estaba viendo. El paisaje alrededor de los terrenos de la universidad se veía excepcionalmente fantástico. Había nuevos dormitorios, nuevos rostros y desafortunadamente, también había por doquier chicas vestidas muy a la ligera.*

3. Phillip (Freaky) Howle, Letters to the Editor [Cartas al editor]: "Women's choice in dress leads men to stumble", ["La opción de la mujer en el vestir lleva a los hombres a tropezar"] *The Skyliner* (North Greenville College, Tigerville, SC. 4 de septiembre de 2002).

La razón por la que escribo esta carta es sencilla: Pureza sexual. Esto es algo difícil tanto para los hombres como para las mujeres, pero en especial para los hombres porque ellos son estimulados a través de la vista.

Ahora bien, muchachos, no estamos libres de culpa solo porque las chicas se vistan de manera inapropiada. En 2 Timoteo 2:22 se nos llama a: "[huir] de las malas pasiones de la juventud, y [a esmerarnos] en seguir la justicia, la fe, el amor y la paz". Sin embargo, chicas, ayuden a sus hermanos. Su manera de vestir puede hacerlos tropezar de manera fácil y el apóstol Pablo nos dice que él con gusto dejaría de comer carne si eso hiciera tropezar a un hermano. (Ahora, nosotros, claro, no abogamos por dejar de usar ropa, solo aquella que hace tropezar a los hombres.)

Esto puede causar conmoción a algunas chicas pero sus ropas tienen un efecto negativo en los chicos. Por favor, consideren su ropa y lo que la Biblia dice acerca de la manera en que se visten.

Parece que las mujeres hoy día no solo han olvidado cómo sonrojarse, sino que tampoco reconocen lo que debería causar un sonrojo. Los hombres y las mujeres están creados de forma distinta. Los hombres se estimulan a través de la vista, mientras que las mujeres responden más al tacto. Como dijera un hombre: "Lo que es para una mujer el toque de un hombre, lo es para un hombre el ver a una mujer".[4]

En su libro *Every Man's Battle* [La batalla de todo hombre], Steve Arterburn y Fred Stoeker explican algo que es importante que las mujeres entiendan acerca de los hombres:

> *Los hombres reciben gratificación a través de los ojos... Nuestros ojos dan a los hombres el medio para pecar de manera amplia y a voluntad. No necesitamos una cita ni una amante. Ni siquiera necesitamos esperar. Tenemos los ojos y podemos obtener gratificación sexual por medio de ellos en cualquier momento. Nos incitamos por medio de la desnudez femenina en cualquiera de sus maneras o formas...*
>
> *Las mujeres raras veces entienden esto porque ellas no se estimulan sexualmente de la misma forma. Su estímulo sexual está unido al tacto y a la relación. Consideran el aspecto visual de nuestra sexualidad como algo superficial y sucio, incluso detestable...*[5]

4. "The Sin of Bathsheba" [El pecado de Betsabé] es un artículo publicado de forma anónima como "Address to Christian Women" ["Discurso a las mujeres cristianas"] en *Patriach*, una revista en línea para hombres. Véase www.patriarch.com/worldview.html
5. Steve Arterburn y Fred Stoeker con Mike Yorkey, *Every Man's Battle* [La batalla de todo hombre] (Colorado Springs: WaterBrook Press, 2000), 65-66.

La modestia es un asunto del corazón. Puede que no entendamos por qué los hombres están hechos para recibir estimulación sexual a través de la vista pero recuerden: Eso forma parte del plan de Dios y Él ha declarado que es bueno... cuando se usa para sus propósitos. Tenemos la responsabilidad de no hacer tropezar a los hombres vistiéndonos de una forma que los tiente de manera visual a pecar. Si deseamos reflejar el corazón de Dios y ser una bendición y no un obstáculo para los hombres que nos rodean debemos tomar en serio este asunto.

Asunto del corazón

Es importante recordar que el recato no es primero un asunto relacionado con lo que nos ponemos. En esencia es un asunto del corazón. Si nuestros corazones están bien con Dios, si caminamos con pureza y humildad delante de Él, el resultado inevitable será una apariencia externa recatada.

Un corazón recatado afecta todo aspecto de la vida de una mujer, no solo la forma en que luce, sino sus actitudes y también la manera en que habla y actúa. A continuación algunas preguntas para hacer un "chequeo al corazón" y ayudarle a analizar y a evaluar el recato en diferentes áreas de su vida:

- ¿Tengo un concepto humilde de mí misma y un concepto alto de Dios?

- ¿Evito anunciarme o promoverme?
- ¿Estoy libre de extremos tanto en la conducta como en la personalidad? (Esto incluye hábitos tales como el gastar en exceso.)
- ¿Me aflijo de solo pensar en ofender a Dios o hacer que otra persona peque?
- ¿Soy reservada al hablar o por el contrario hablo demasiado?
- ¿Tengo que ser siempre el alma de la fiesta y el centro de atención?
- ¿Estoy libre de alardes y ostentación? (Esto incluye el ser atrevida, arrogante, agresiva, controladora o dominante.)
- ¿Muestro una conducta apropiada?
- ¿Soy apropiadamente reservada en el vestir?
- ¿Me pongo ropa "decorosa"? (1 Ti. 2:9: "decorosa" significa de manera ordenada; decente, que no causa distracción ni tentación.)

¿Cómo le fue? Recuerde todos estamos en proceso. Puesto que usted está leyendo este folleto, asumo que tiene deseo de honrar a Dios con su apariencia. ¿Qué debemos tomar en consideración para procurar expresar un corazón recatado a través de nuestra manera de vestir?

Evaluación de nuestro guardarropa

En nuestra cultura, las mujeres tienen obsesión

por exhibir sus tesoros. Cuando se trata del recato, la Biblia no nos da una lista de cosas para hacer o dejar de hacer pero sí habla de la actitud del corazón, la cual debe reflejarse en todo lo que hacemos:

"...Revístanse todos de humildad en su trato mutuo..." (1 P. 5:5). ¿Se visten las mujeres hoy con humildad y piensan en el efecto que tiene su ropa en los demás? Algunas sí, pero muchas no.

A continuación encontrará una lista de cosas con las que hay que tener cuidado si desea reflejar la gloria de Dios:

La exposición de partes íntimas del cuerpo (por ejemplo, los muslos, las caderas, los pechos, el torso).

Amigas, ¿qué piensan los hombres cuando ven una abertura en medio de la parte trasera o delantera de sus faldas? ¿Qué ven cuando ustedes caminan, suben por una escalera y cosas parecidas? ¿Y los escotes bajos y las blusas sin abotonar? ¿Se ven sus partes íntimas cuando ustedes se encorvan o cuando van a alcanzar algo?

El énfasis en las partes privadas o seductoras del cuerpo.

La falta de recato se puede producir no solo

al revelar estas partes, sino también al cubrir de manera parcial las partes íntimas. Los hombres dicen que cubrir de forma parcial el cuerpo puede ser incluso más seductor que destaparlo por completo. Lo llaman "provocación", que es otra palabra para "tentación".

Nuestra cultura nos grita: "Sean modernas", "solo se vive una vez", "dense gusto". Pero el Señor nos susurra: "Solo tienen una vida; vívanla para mi gloria".

¿Qué significaría para usted vestir para la gloria de Dios? ¿Tendría que hacer algún cambio?

Vivir la vida para la gloria de Dios puede exigir la toma de algunas decisiones difíciles pero valdrá la pena. Al limitar su libertad en el vestir puede ayudar a los hombres que le rodean y que desean vivir vidas piadosas. Como dijo el estudiante universitario en su carta al editor: "Pueden ayudar a su hermano".

5

¿De quién es la imagen que se refleja en el espejo?

No hay duda. La decisión de vivir la vida para la gloria de Dios exige algunas medidas difíciles. Es muy probable que le tome más tiempo ir de compras y puede que la ropa le cueste un poquito más. Tal vez no se vea tan moderna como desea y a veces, sobresalga entre la multitud por vestirse de forma recatada. Pero recuerde: Usted es diferente. Usted pertenece a un mundo diferente y su precio de compra fue costoso.

Al evaluar su guardarropa necesitará valor para hacerse preguntas específicas y prácticas como estas:

- ¿Tiene mi ropa dibujos o escritos que acentúan las partes íntimas de mi cuerpo? Si alguien me fuera a mirar, ¿adónde irían sus ojos naturalmente: A mi cara, ojos, caderas, muslos, pechos? ¿Adónde quiero que los hombres dirijan la vista cuando aparezco?

- ¿Es la tela que llevo puesta demasiado transparente? ¿Podría alguien ver a través de ella las partes íntimas de mi cuerpo?
- ¿Llevo puesta ropa apretada y que marca la figura del cuerpo? (Un bien conocido diseñador dijo una vez: "Su ropa debe ser lo bastante ajustada como para mostrar que usted es mujer, pero lo bastante suelta como para mostrar que es una dama".)
- ¿Me ajustan correctamente los pantalones? ¿Son demasiado apretados? ¿Se pegan a las caderas, los muslos,...?
- ¿Llevo puesto algo provocativo? (Hoy día, la ropa interior se ha vuelto exterior, a menudo diseñada para ser provocativa. Exhibir la ropa interior es provocar a los hombres.)

Cuando examine las piezas individuales de su guardarropa, párese frente a un espejo. Inclínese hacia delante y pregúntese: "¿Se ven partes íntimas que un hombre (aparte de su esposo, si es casada) no debería ver?" Si la respuesta es "Sí", está vestida sin recato.

Mírese desde todos los ángulos: El frente, la espalda, los lados, mientras camina, se sienta, se mueve, se estira y se inclina. Recuerde, a menudo nos inclinamos para recoger paquetes o cargar un niño, o para entrar y salir de un auto.

Pregúntese: "¿Qué van a notar y a ver los demás? ¿Adónde se dirigirá la atención de los demás: A los pechos, las caderas, los muslos,...? ¿Por qué me quiero poner esta ropa? ¿Por qué me gusta esta moda?"

La actitud de su corazón es clave. Pídale al Señor que le ayude a representarlo bien. Pídale un corazón dispuesto a aprender, abierto y obediente.

Si está casada, pídale a su esposo que la ayude a entender lo que su ropa y su apariencia comunican a los hombres.

Pregúntele si su ropa es recatada. Si no está casada, hágale estas mismas preguntas a su padre o a alguna mujer mayor.

Pregúntese: "¿Qué van a notar y a ver los demás? ¿Adónde se dirigirá la atención de los demás?"

Resoluciones relacionadas con el recato

Reflexione de manera devota: "¿Soy realmente recatada, conforme a las normas de Dios?" Luego tome la decisión de convertirse en una mujer con un corazón conforme a Dios.

¿Desea que su apariencia revele un corazón recatado y piadoso? Si es así, me gustaría animarla a tomar estas siete decisiones:

1. Decida vivir para agradar a Dios y glorificarle.
2. Rinda (dedique) su cuerpo a Dios. Diga: "Señor, este cuerpo te pertenece".
3. Decida ser recatada porque eso es lo que agrada a Dios.
4. Decida ser pura (interna y externamente).
5. Decida no vestirse nunca de una forma que pudiera tentar a los hombres a tener pensamientos lascivos.
6. Esté dispuesta a ir contra la cultura, siempre que la cultura sea contraria a la Palabra y los caminos de Dios.
7. Sea humilde y abierta a la opinión de los demás.

Recuerde que es posible tener una apariencia externa recatada al tiempo que se tiene el corazón de un fariseo (crítico, que se cree muy justo y bueno e inclinado a juzgar a quienes no son de la misma opinión). El recato no significa que usted posea la verdad absoluta.

Dé a Dios lugar y tiempo para trabajar en la vida de otras personas. No diga: "Porque yo lo veo así, así es como debería ser". Recuerde: ¡Usted no es el Espíritu Santo!

Pídale a Dios ayuda para comunicar a los demás de una manera atrayente un comportamiento recatado. Diga la verdad con ternura, compasión y amor. Haga que la verdad sea lo más atractiva posible.

Las bendiciones del recato

El recato es algo bueno, deseable y preciado. Usted puede experimentar muchas bendiciones como resultado de este. Entre ellas se encuentran las siguientes:

- **Paz**: Sabrá que es obediente a Dios.
- **Poder**: Será libre de la esclavitud a la moda, la novedad del momento y las opiniones de los demás.
- **Protección**: Se guardará de la atención equivocada de los hombres equivocados. (El vestirse de forma recatada no garantiza que "los hombres equivocados" no le presten nunca una atención que usted no desea, pero ayuda mucho.)
- **Pureza**: Atraerá la atención correcta de los hombres decentes.
- **Privilegio**: Experimentará una mayor libertad en el matrimonio al reservar su cuerpo únicamente para su esposo.
- **Alabanza**: Será valorada más por sus cualidades espirituales y del corazón que por las características físicas.

"Engañoso es el encanto y pasajera la belleza; la mujer que teme al Señor es digna de alabanza" (Pr. 31:30).

¿Qué le dice este versículo?

____

____

____

Cuando opte por procurar el recato descubrirá que usted es hermosa para Dios y que está segura en su identidad con Cristo.

"De todo lo que he leído sobre historia y gobierno, sobre la vida humana y los modales, he llegado a la siguiente conclusión: Los modales de las mujeres son el barómetro más infalible para averiguar el grado de moralidad y virtud de una nación. Los judíos, los griegos, los romanos, los suizos, los holandeses, todos perdieron su espíritu público y sus formas republicanas de gobierno cuando sus mujeres perdieron el recato y las virtudes domésticas".

Presidente John Adams, segundo presidente
de los Estados Unidos, (1735-1826).

6

Preguntas que se hacen con frecuencia

1. ¿Qué quiere decir cuando afirma que la mujer debe "hacerse las preguntas correctas" acerca del vestir?

Estoy convencida de que algunas mujeres sinceramente no se dan cuenta de que cierta ropa que eligen no es recatada. Es muy probable que ni siquiera piensen si lo que llevan puesto es recatado. Es posible que hagan lo que la mayoría de las mujeres hacen: Seguir la corriente... acomodándose a la cultura sin pensar.

Animo a las mujeres a que se detengan y piensen en todos los aspectos de su vida: Su actitud, sus acciones, sus palabras y sí, la manera en que se visten. Además, que estén dispuestas a cuestionarse con seriedad y a dar respuestas francas.

A continuación veremos algunas preguntas maravillosas sugeridas por Carolyn Mahaney y sus hijas Nicole Whitacre y Janelle Mahaney:[6]

- ¿Qué dice mi ropa de mi corazón?
- Al escoger la ropa que voy a ponerme hoy, ¿la atención de quién deseo y la aprobación de quién anhelo? ¿Estoy procurando agradar a Dios o impresionar a los demás?
- ¿Está lo que me pongo de acuerdo con los valores bíblicos del recato, el dominio propio y la conducta decorosa?
- ¿Con quién estoy tratando de identificarme por medio de mi manera de vestir? ¿Es mi norma la Palabra de Dios o lo es la última moda?
- ¿He solicitado la evaluación de otras personas piadosas respecto a mi guardarropa?

2. ¿Alguna vez se ha sentido avergonzada por lo que lleva puesto?

Sí. Me viene a la memoria una vez en particular. Mi padre murió cuando yo tenía veintiún años de

6. Por Carolyn Mahaney, Nicole Whitacre y Janelle Mahaney. Derechos reservados 2002 *Sovereign Grace Ministries* (www.sovereigngraceministries.org), Gaithersburg, MD.

edad. En una ocasión, un señor que era como un padre para mí me llamó aparte y sugirió que lo que yo llevaba puesto no era recatado. Claro, en ese momento me sentí muy avergonzada. Aquello marcó mi vida y me ayudó, no solo a honrar a Dios en mi ropa, sino también a estar dispuesta a aprender.

3. ¿Cómo puedo tomar decisiones correctas respecto a la vestimenta?

Recuerde que, como cristianas, nuestra meta no es llamar la atención hacia nosotras sino más bien agradar a Dios y reflejar su gloria. Pídale al Señor que la ayude a escoger ropa que lo honre. Además, pídale a un miembro piadoso de su familia o a un amigo o amiga cercana que le dé una opinión honesta acerca de la ropa que escoge. Por último, pregúntese: ¿Por qué me quiero poner este traje en particular? Y ¿Creo realmente que Dios está satisfecho de la manera que luzco en este vestido?

4. ¿Cómo puedo cultivar un corazón recatado en mi hija?

Comience temprano. No espere hasta que su hija sea una preadolescente para abordar estos asuntos. (Si lo hace, seguro que tendrá que librar una batalla.) No le ponga a su hija conjuntitos pequeños y luego, cuando tenga quince años, espere que entienda por qué no está bien ponerse los mismos conjuntos.

No empiece imponiéndole una lista de reglas a su hija; más bien sea un ejemplo para que tome decisiones correctas. Ayúdela a entender lo que es el recato y por qué es importante. Háblele a su corazón, en vez de comunicar que a usted lo único que le importa es la ropa que se pone.

No tenga miedo de conversar de manera abierta de estos asuntos. Recuerde, ¡usted es la madre! Tal vez a veces, su hija no esté de acuerdo con usted y reaccione a sus opiniones. Pero su trabajo es enseñarla a ser piadosa. Dé instrucciones específicas y prácticas acerca de cómo ser modesta en el vestir y en la conducta. (Hace poco, mis hermanas y yo hablamos de lo agradecidas que estamos con nuestra madre quien hizo esto por nosotras cuando éramos jóvenes.)

Si es posible, anime a su esposo a que desarrolle una firme relación con su hija y a que hable con ella del significado de la verdadera belleza y la importancia del recato.

El recato deber ser una forma de vida. Sea coherente. Por ejemplo, no hable de la importancia del recato al tiempo que corre por la casa en pantalones cortos o ropa de dormir poco recatada, o mientras permite que la familia vea películas que presentan mujeres no recatadas. La honestidad es muy importante, sobre todo para la generación más joven. Pídale a Dios que la ayude a dar un ejemplo piadoso a su hija, tanto en carácter como en apariencia.

5. **¿Nos puede dar una lista específica de lo que Dios considera una manera de vestir recatada?**

La Biblia simplemente no nos da una lista detallada de lo que es y no es una vestimenta recatada. Sin embargo, nos instruye de manera clara a vivir de una manera que honre a Dios y que no haga tropezar a nuestros hermanos. Si es hija de Dios, el Espíritu Santo vive en usted y la ayudará a saber lo que es agradable al Señor. Pídale al Señor que la ayude a determinar lo que es apropiado basándose en principios bíblicos como el recato, la moderación y la femineidad.

6. **¿Qué piensa usted de los trajes de baño? Igual que todos los otros tipos de ropa, los trajes de baño han de evaluarse conforme a una norma de recato. Hágase la siguiente pregunta: ¿Cumple esta pieza de ropa el propósito de vestir, que es cubrir la desnudez? ¿Expone o hace énfasis en partes íntimas de mi cuerpo?**

A continuación algo para reflexionar. ¿Sabía usted que hasta mediados del siglo XIX los hombres y las mujeres nadaban en diferentes lugares o a diferentes horas? Sin embargo, hoy día, los hombres y las mujeres nadan juntos en ropa de baño que a menudo es provocativa y está diseñada para exponer la anatomía humana. En su reflexivo libro *Christian Modesty and the Public Undressing of America* [El recato cristiano y el desnudo público de los Estados Unidos], Jeff Pollard le sigue la pista al desarrollo histórico de los trajes de baño en los Estados Unidos y muestra cómo la poderosa influencia de la industria de la moda con el tiempo invalidó el sentido de recato en nuestra cultura:

> *...La moralidad cristiana y el recato que la acompaña, que antes habían servido como resistencia a la desnudez pública, simplemente cedieron a la presión cada vez mayor del público. La voz de la Palabra de Dios fue lentamente ahogada por la voz de unos medios de comunicación cada vez más seculares, por la industria de la moda y por la opinión pública. Por consiguiente, la base de nuestra cultura para el recato se erosionó, casi hasta desaparecer. Permítame decirlo de otra forma: Nadie le puso un arma en la cabeza a los Estados Unidos y le dijo: "¡O se desnudan o mueren!" Sencillamente la industria de la moda dijo: "Esto es lo que se usa", y nuestra cultura de manera ansiosa se desvistió.*[7]

7. Jeff Pollard, *Christian Modesty and the Public Undressing of America* (San Antonio, Texas: Vision Forum, Inc. 2002.), 41-42.

7. A veces es fácil decir que ser recatada es "no estar a la moda" o "no hacer lo que hacen los demás". Pero esto para mí es muy difícil. ¡Ayúdeme!

Es por eso que necesitamos volver a los principios básicos. ¿Por qué vive usted? ¿Por qué existe? ¿Cuál es su propósito en la vida? Hace años, Dios me dio el deseo y el compromiso de vivir para glorificarlo, agradarlo y reflejar lo que Él es al resto del mundo que observa. El conocer mi propósito me ayuda a tomar esas decisiones difíciles que yo sé que son correctas, incluso cuando estas implican tener que ir contra el flujo de la cultura.

8. ¿Es posible tener una apariencia externa recatada y aún así no agradar al Señor?

¡Definitivamente! Es posible tener una apariencia recatada y a la vez presumir de justo y asumir una actitud de crítica hacia los demás. Aunque vista de una manera sumamente conservadora, puede tener un corazón rebelde.

Dios considera que la verdadera belleza es interna y espiritual. Claro que Dios se glorifica cuando lo honramos con nuestra apariencia externa pero nuestra apariencia externa debe ser el reflejo de un espíritu puro y sumiso a Él.

9. ¿Por qué cree usted que tantas mujeres cristianas se visten de forma impúdica hoy día?

Creo que la falta de comprensión de lo que es el recato, junto con un deseo de verse a la moda, ha hecho que muchas mujeres cristianas caigan presas del plan del enemigo.

Además, muchas mujeres y chicas jóvenes comparan su manera de vestir con los estándares de la cultura contemporánea y creen que están bien. Comparadas con los demás, en realidad son "recatadas". El problema es que están usando los estándares equivocados.

Sospecho que la mayoría de las mujeres cristianas no piensan en cómo pueden evitar que los hombres, incluso los hombres piadosos, tengan malos pensamientos por la manera en que ellas se visten.

10. Mi esposo quiere que me vista de una forma que me hace sentir indecente. ¿Qué debo hacer?

Pídale al Señor que la ayude a discernir qué está motivando a su esposo a que le pida que se vista de manera inapropiada. ¿Lo está agradando sexualmente en privado? En público, ¿está usted vistiendo de una forma que lo avergüenza? (La mayoría de los hombres prefieren tener una mujer atractiva a su lado.)

Asegúrese de estar agradando a su marido y satisfaciendo sus deseos de todas las formas legítimas posibles, incluyendo la ropa, el peinado, etc. Sin ser provocativa, sea creativa al seleccionar su ropa, teniendo en cuenta lo que a él le gusta, para que así no sienta que usted rechaza sus deseos. Haga todo lo que esté a su alcance con el fin de ser atractiva para él.

Si aún así él quiere que usted se vista de forma indecorosa, haga una apelación humilde. Dígale que usted quiere agradarlo y que su cuerpo está a su total disposición pero que lo desea reservar solamente para sus ojos. Explíquele que usted desea una relación exclusiva con él y que no quiere causar malos pensamientos en otros hombres como resultado de la manera en que se viste.

Conclusión

¿Acaso no saben que su cuerpo es templo del Espíritu Santo, quien está en ustedes y al que han recibido de parte de Dios? Ustedes no son sus propios dueños; fueron comprados por un precio. Por tanto, honren con su cuerpo a Dios.

1 Corintios 6:19-20

El mundo tiene algunas ideas confusas en cuanto a lo que significa ser mujer. Como mujeres cristianas, nuestra meta es pensar, actuar y vestir para agradar a Dios y reflejar su gloria.

Espero que este folleto la haya ayudado a entender:

- Que la primera preocupación de Dios no es su ropa, sino su relación con Él.

- La diferencia entre el enfoque que hace el mundo y el enfoque que hace Dios de la apariencia.
- Que lo que nos ponemos + La manera en que lucimos = Una imagen de lo que creemos.
- Cómo tomar decisiones con respecto a la ropa que honren a Dios.
- Porqué las bendiciones del recato hacen que valga la pena tenerlo.

¿Recuerda la prueba que tomó al principio de este folleto? ¿Por qué no la hace de nuevo a ver si sus respuestas han cambiado en algo? Tal como lo hizo antes, marque cada espacio en blanco como verdadero o falso.

Verdadero | Falso

❍ ❍ 1. Según la Biblia, el propósito primordial de la ropa es cubrir el cuerpo.

❍ ❍ 2. Ninguna moda en particular es buena o mala. Todo es cuestión de gusto y opinión personal.

❍ ❍ 3. La Biblia nos dice qué estilo de ropa deben llevar los cristianos.

❍ ❍ 4. Puesto que la Biblia dice que Dios mira el corazón, lo que nos pongamos y cómo nos veamos no es importante. Lo que cuenta es lo de adentro.

❍ ❍ 5. Nuestra ropa y apariencia revelan mucho sobre nuestros valores, carácter y creencias.

❍ ❍ 6. Lo que me pongo en realidad no es asunto de nadie. Soy libre para ponerme la clase de ropa que me gusta y con la que me siento cómoda.

❍ ❍ 7. Recato significa vestirse de una forma anticuada, chapada a la antigua y poco atractiva.

❍ ❍ 8. Si una chica no se pone ropa de moda que al menos sea un poquito reveladora, los muchachos no la van a notar.

❍ ❍ 9. Excepto aquellos hombres que tienen deseos sexuales exagerados, la mayoría de los hombres en realidad no se afectan por la manera en que se visten las mujeres. Ellos ni siquiera notan cómo se visten las mujeres.

❍ ❍ 10. No es mi culpa que con mi manera de vestirme cause conflicto moral a los hombres. Son ellos quienes deben controlar su mente. Yo no debería tener que cambiar mi manera de vestir solo porque ellos no se pueden controlar.

❍ ❍ 11. Los padres no deben imponer a sus hijos sus normas y creencias con respecto a la manera de vestir. Deben dejarlos tomar sus propias decisiones, aun cuando no aprueben la forma en que estos se visten.

❍ ❍ 12. Los cristianos son libres de vestirse como quieran por que no están bajo la ley sino bajo la gracia. Tienen la mente cerrada los padres o los líderes religiosos cuando quieren establecer normas con respecto a la forma en que se viste la gente joven.

❍ ❍ 13. Las mujeres cristianas no deberían ponerse nunca ropa reveladora ni sensual (es decir, ropa diseñada para despertar el deseo o el interés sexual).

❍ ❍ 14. Existen algunos lugares públicos adonde está bien que las mujeres cristianas se pongan ropa que muestre sus partes privadas (por ejemplo los muslos o el pecho).

❍ ❍ 15. Una mujer puede estar cubierta de pies a cabeza y aún así estar vestida de forma impúdica.

❍ ❍ 16. Una mujer puede ponerse ropa recatada y aún así ser impúdica.

❍ ❍ 17. La mayoría de las jóvenes y las mujeres no entienden el significado, el poder ni los beneficios del verdadero recato.

Ahora, compare sus respuestas con las de la primera parte. ¿Ha cambiado alguna de ellas? Compare sus respuestas con las del apéndice.

Apéndice

Respuestas a la prueba sobre modas que aparece en las páginas 12-15 y 60-63.

1. Según la Biblia, el propósito primordial de la ropa es cubrir el cuerpo.

   Verdadero. *Dios diseñó la ropa para cubrir la desnudez de Adán y Eva, la cual se hizo vergonzosa después que ellos pecaron.*

2. Ninguna moda en particular es buena o mala. Todo es cuestión de gusto y opinión personal.

   Falso. *La selección del diseño de la ropa no es solo cuestión de gusto y opinión personal. Esta elección se debe basar en principios bíblicos tales como el recato, la moderación y la distinción entre los sexos.*

3. La Biblia nos dice qué estilo de ropa deben ponerse los cristianos.

   Falso. *La Biblia no especifica lo que es "bueno" y "malo" en cuanto a selección de ropa.*

4. Puesto que la Biblia dice que Dios mira el corazón, lo que nos pongamos y cómo nos veamos no es importante. Lo que cuenta es lo de adentro.

   Falso. *No se puede separar lo que hay adentro con lo que hay afuera. Lo externo es un reflejo del corazón.*

5. Nuestra ropa y apariencia revelan mucho sobre nuestros valores, carácter y creencias.

   Verdadero. *La ropa y la apariencia de una mujer son una forma poderosa de comunicar lo que esta cree.*

6. Lo que me pongo en realidad no es asunto de nadie. Soy libre para ponerme la clase de ropa que me gusta y con la que me siento cómoda.

   Falso. *Todo lo que hacemos, incluyendo nuestra manera de vestir, afecta a los demás. Como creyentes tenemos la obligación de ser sensibles a los demás y de evitar poner cualquier tentación en el camino de otra persona.*

7. Recato significa vestirse de una forma anticuada, chapada a la antigua y poco atractiva.

   Falso. *Tal vez no podamos ponernos todas las*

tendencias de moda pero es posible estar a la moda y ser recatada.

8. Si una chica no se pone ropa de moda que al menos sea un poquito reveladora, los muchachos no la van a notar.

   Falso. *Es cuestión del tipo de atención que usted desea y de quién. La clase correcta de hombre se sentirá atraído hacia la mujer que es recatada, ¡por dentro y por fuera!*

9. Excepto aquellos hombres que tienen deseos sexuales exagerados, la mayoría de los hombres en realidad no se afectan por la manera en que se visten las mujeres. Ellos ni siquiera notan cómo se visten las mujeres.

   Falso. *Hasta los hombres piadosos pueden ser seducidos de manera fácil a la lascivia al mirar a una mujer que no es recatada.*

10. No es mi culpa que con mi manera de vestirme cause conflicto moral a los hombres. Son ellos quienes deben controlar su mente. Yo no debería tener que cambiar mi manera de vestir solo porque ellos no se pueden controlar.

    Falso. *Puede que no seamos totalmente responsables de lo que piensen los hombres pero si somos responsables de tener una apariencia recatada que no los tiente a pecar.*

11. Los padres no deben imponer a sus hijos sus normas y creencias con respecto a su manera de vestir. Deben dejarlos tomar sus propias decisiones, aun cuando no aprueben la forma en que estos se visten.

    Falso. *Los padres son responsables de dar pautas, instrucción y cuando sea necesario, poner freno a los hijos que todavía viven en el hogar. (Esto no significa que los padres no deban dar a los hijos libertad para expresar sus propios gustos, cuando esas preferencias no violen principios bíblicos.)*

12. Los cristianos son libres de vestirse como quieran porque no están bajo la ley sino bajo la gracia. Tienen la mente cerrada los padres o los líderes de la juventud cuando quieren establecer directrices o normas con respecto a la forma en que se viste la gente joven.

    Falso. *Todas las áreas de la vida de un creyente han de vivirse bajo la autoridad y el señorío de Jesucristo. La gracia nos da el deseo y la capacidad de agradar a Dios. Los padres y líderes espirituales son responsables de proporcionar un liderazgo sabio y bíblico a aquellos que están bajo su autoridad.*

13. Las mujeres cristianas no deberían ponerse nunca ropa reveladora ni sensual (es decir, ropa diseñada para despertar el deseo o el interés sexual).

Falso. *Es completamente apropiado que una mujer se vista de forma sensual con su esposo.*

14. Existen algunos lugares públicos adonde está bien que las mujeres cristianas se pongan ropa que muestre sus partes privadas (por ejemplo los muslos, el pecho).

    Falso. *El "lugar" no determina el recato. Lamentablemente, cuando se trata de trajes de baño y de ropa formal, muchas mujeres cristianas ni siquiera consideran el asunto del recato, o se conforman con una norma que es "relativamente" recatada, es decir, recatada cuando se compara con lo que "la mayoría se pone" en vez de preguntar: "¿Es esto verdaderamente recatado?"*

15. Una mujer puede estar cubierta de pies a cabeza y aún así estar vestida de forma impúdica.

    Verdadero. *Una mujer puede estar vestida de pies a cabeza y aún así ser impúdica si su vestuario es revelador, muy pegado al cuerpo o demasiado apretado.*

16. Una mujer puede ponerse ropa recatada y aún así ser impúdica.

    Verdadero. *El recato va más allá de la ropa. Incluye nuestras actitudes, la manera en que hablamos y nuestra conducta: Cómo andamos, cómo usamos los ojos, cómo nos relacionamos con los demás, etc.*

17. La mayoría de las jóvenes y las mujeres no entienden el significado, el poder ni los beneficios del verdadero recato.

    Verdadero. *Lamentablemente, muchas chicas y mujeres cristianas nunca se han tomado el tiempo para descubrir cual es la voluntad de Dios con respecto al recato bíblico. No se dan cuenta de las grandes recompensas y bendiciones que el recato les traerá a ellas y a los demás.*

Pasajes bíblicos afines

¿Acaso no saben que su cuerpo es templo del Espíritu Santo, quien está en ustedes y al que han recibido de parte de Dios? Ustedes no son sus propios dueños; fueron comprados por un precio. Por lo tanto, honren con su cuerpo a Dios.

1 Corintios 6:19-20

En conclusión, ya sea que coman o beban o hagan cualquier otra cosa, háganlo todo para la gloria de Dios.

1 Corintios 10:31

Como argolla de oro en hocico de cerdo es la mujer bella pero indiscreta.

Proverbios 11:22

En cuanto a las mujeres, quiero que ellas se vistan decorosamente, con modestia y recato, sin peinados ostentosos, ni oro, ni perlas ni vestidos costosos. Que se adornen más bien con buenas obras, como corresponde a mujeres que profesan servir a Dios.

1 Timoteo 2:9-10

Si vivimos, para el Señor vivimos; y si morimos, para el Señor morimos. Así pues, sea que vivamos o que muramos, del Señor somos.

Romanos 14:8

Por lo tanto, esforcémonos por promover todo lo que conduzca a la paz y a la mutua edificación. Más vale no comer carne ni beber vino, ni hacer nada que haga caer a tu hermano.

Romanos 14:19, 21

No se amolden al mundo actual....

Romanos 12:2

Engañoso es el encanto y pasajera la belleza; la mujer que teme al Señor es digna de alabanza.

Proverbios 31:30

"Una mujer debe examinar cuales son sus motivaciones y metas al vestir. ¿Es su intención mostrar la gracia y la belleza de ser mujer? ¿Es revelar un corazón humilde dedicado a adorar a Dios? ¿O es llamar la atención hacia sí misma y hacer gala de su belleza? O peor aún, ¿es intentar seducir a los hombres de manera sexual? Una mujer que se concentre en adorar a Dios va a considerar de manera cuidadosa cómo se viste porque su corazón le dictará cómo han de ser su guardarropa y apariencia".

John MacArthur

Mi promesa

Si usted desea tener la apariencia que agrada a Dios y lo glorifica, ¿estaría dispuesta a firmar y poner fecha a la siguiente promesa como recordatorio?

Señor, mi cuerpo te pertenece.

Deseo glorificarte por medio de mis palabras, actitudes y por la manera en que me visto. Decido ser pura interna y externamente. Estoy dispuesta, cuando sea necesario, a ir en contra de la cultura. Acepto la responsabilidad por la manera en que me visto. Ayúdame a estar dispuesta a aprender y a tener una actitud y un espíritu que te glorifiquen a través de mis acciones y apariencia.

____

Firma

____

Fecha

Amiga, confío en que Dios haya usado este folleto para ayudarla a entender cuánto le importa a Él la manera en que usted se viste... porque la ama mucho y porque quiere que usted refleje su pureza y su gloria a nuestro mundo.

Mentiras que las mujeres creen y la verdad que las hace libres

Las mujeres tienen un arma poderosa para vencer las decepciones que Satanás impone en sus vidas: La verdad absoluta de la Palabra de Dios. Todas las mujeres sufren frustraciones, fracasos, ira, envidia y amargura. Nancy Leigh Demos arroja luz en el oscuro tema de la liberación de la mujer de las mentiras de Satanás para que puedan andar en una vida llena de la gracia de Dios.

ISBN: 978-0-8254-1160-1 / 256 páginas / rústica

SERIE: AVIVA NUESTRO CORAZÓN

Rendición: El corazón en paz con Dios

Para un cristiano, ondear la bandera blanca no significa: "Me rindo". Significa: "¡Al fin la victoria!" El primer paso hacia una vida espiritual más profunda, más rica y victoriosa es la rendición. Cuando un cristiano rinde su corazón, su alma, su cuerpo y sus ambiciones, deja la puerta abierta para que Dios pueda ayudarle plenamente a triunfar.

ISBN: 978-0-8254-1186-1 / 144 páginas / rústica

Aviva nuestro corazón
QUEBRANTAMIENTO
El corazón avivado por Dios
NANCY LEIGH DEMOSS
Autora de más venta de Mentiras que las mujeres creen

SERIE: AVIVA NUESTRO CORAZÓN

Santidad: El corazón purificado por Dios

La autora ofrece principios prácticos para vivir una vida santa y un corazón encendido para Dios. Muchas veces se piensa que santidad es un concepto muy abstracto y sin nada que ver con nuestra vida diaria. El pensamiento de ser "santo" evoca imágenes de una persona pesimista y cerrada que vive como si fuera un monje. Al contrario, santidad no es algo agobiante, el pecado es la verdadera carga pesada de la vida. La autora nos guía en nuestro viaje para que sea una experiencia llena de Dios, que únicamente viene cuando nuestra vida es santa y nuestro corazón es puro.

ISBN: 978-0-8254-1187-4 / 176 páginas / rústica

Disponible en su librería cristiana favorita o
en la internet: www.portavoz.com

NUESTRA VISIÓN

Maximizar el efecto de recursos cristianos de calidad que transforman vidas.

NUESTRA MISIÓN

Desarrollar y distribuir productos de calidad —con integridad y excelencia—, desde una perspectiva bíblica y confiable, que animen a las personas a conocer y servir a Jesucristo.

NUESTROS VALORES

Nuestros valores se encuentran fundamentados en la Biblia, fuente de toda verdad para hoy y para siempre. Nosotros ponemos en práctica estas verdades bíblicas como fundamento para las decisiones, normas y productos de nuestra compañía.

Valoramos la excelencia y la calidad
Valoramos la integridad y la confianza
Valoramos el mérito y la dignidad de los individuos y las relaciones
Valoramos el servicio
Valoramos la administración de los recursos

Para más información acerca de nuestra editorial y los productos que publicamos visite nuestra página en la red: www.portavoz.com